MW01228047

# A INSTALAÇAO DA ORDEM MAÇÔNICA NO AMAPÁ: 1947-1948

**Antônio Carlos Pereira Góes**

2ª edição
Macapá
2019

Góes, Antônio Carlos Pereira
    A instalação da ordem maçônica no Amapá: 1947-1948 / Antônio
Carlos Pereira Góes – 2 ed.  - Macapá: Edição do autor, 2019.

    56 p. : il. ; 20,32 cm.

    ISBN 9781687539038

    1. História. 2. Maçonaria. 3. Fraternidade 4. Brasil. I. Título.

                                                      CDD: 366.1

# APRESENTAÇÃO

O objetivo desta publicação é o resgate de informações sobre a origem formal da Ordem Maçônica no Amapá, especialmente da "Loja Duque de Caxias", desde a sua fundação até a conclusão do Templo.

A pesquisa foi realizada em documentos e fontes disponíveis, visando assegurar a fidedignidade da cronologia proposta e abrange o período de 1947 a 1948, quando alguns irmãos se reuniram para estabelecer em terras amapaenses, a antiga e tradicional instituição iniciática, em um momento histórico de pioneirismo e grandes desafios para aqueles que se aventuravam ao recém-criado Território Federal do Amapá.

Ao final, são apresentados alguns documentos em fac-símiles citados no trabalho, além de uma breve linha do tempo da loja.

**Pedro Aurélio Penha Tavares**
Venerável Mestre da Loja Maçônica Duque de Caxias Nº 1 (2018-2019)
Filiada à Grande Loja Maçônica do Amapá

# SUMÁRIO

# AGRADECIMENTOS

À minha Loja Maçônica Duque de Caxias N° 1,
pela oportunidade de acesso aos documentos históricos
da oficina, sem quais não seria possível a elaboração
deste trabalho.

# 1

# FUNDAÇÃO DA PRIMEIRA LOJA

A maçonaria sempre despertou curiosidades e, às vezes, alimenta infundadas teorias da conspiração, até os dias atuais. Trata-se, contudo, de uma instituição cujos membros buscam conciliar em um Centro de União, o meio de firmar uma verdadeira fraternidade universal (Anderson, 1723)[1].

A sistematização da Ordem no Amapá remonta à criação do Território[2] em 13 de setembro de 1943, para o qual foi nomeado o seu primeiro governador, capitão Janary Gentil Nunes. Ao assumir os destinos da nova autarquia federal, paulatinamente ele começou a construção de escolas, hospitais, residências e outros equipamentos administrativos e sociais. Dessa forma, abriu-se um grande mercado de trabalho a diversos profissionais como mestres de obras, pedreiros, carpinteiros, ferreiros, lanterneiros e outras ocupações menos qualificadas. Então começaram a chegar pessoas oriundas de outros lugares, principalmente da vizinha capital paraense,

---

[1] Definição contida no artigo primeiro da chamada Constituição de Anderson ou As Obrigações de um Maçom Livre *in* **Código maçônico**, Macapá: [s.n.], 1993, p. 167.
[2] DECRETO-LEI n° 5.812, de 13.09.1943. **Diário oficial da República Federativa do Brasil de 15.09.1943**. Rio de Janeiro: DOU.

Belém, para aqui fixarem residência e trabalhar na administração do governo, na construção civil e no comércio informal, além de outros que eram funcionários transferidos ou, simplesmente, contratados. Entre aquelas pessoas estavam alguns maçons como Antônio Valdemar Veiga, Eloy Monteiro Nunes, José Hermínio Amorim, Antonio Pereira da Costa, Nuta Wolf Pecher, José Alves Pessôa, Julio Venancio Coelho e José Vitor Contreiras. Era desejo daqueles irmãos continuarem seus estudos e aperfeiçoamento maçônico em prol da paz universal, da liberdade e da justiça[3].

No dia 10 de fevereiro de 1947, em reunião ocorrida na residência do irmão Antônio Valdemar Veiga, estiveram presentes José Alves Pessôa, Antonio Pereira da Costa, Eloy Monteiro Nunes, Nuta Wolf Pecher, José Hermínio Amorim e outros, visando criar a primeira loja maçônica no Território Federal do Amapá, para estreitar os laços de fraternidade e solidariedade. Na reunião, foram enfatizados vários assuntos, entre eles qual seria o nome da oficina. Surgia, assim, a designação da pioneira do Amapá, a qual teria como patrono um dos maiores brasileiros de todos os tempos, Luís Alves de Lima e Silva (o Duque de Caxias), proposta de autoria do irmão José Alves Pessôa, sendo aprovada pelos demais, com a seguinte justificativa[4]:

> Neste extremo norte do Brasil, para ser a sentinela da virtude, da austeridade, do patriotismo e dos sentimentos generosos, que são o timbre da gente amapaense, nada melhor do que o patrono do exército brasileiro, na primeira fronteira do país.

---

[3] VALES, B. P. **História da loja maçônica Duque de Caxias n° 1**, <https://www.facebook.com/pg/LojaMaconicaDuqueDeCaxiasNo1/abou t/?ref=page_ internal>. Acesso em: 1 ago. 2018.
[4] Idem.

Ficou acertado em outra reunião no mês seguinte, que seria expedido um documento à Grande Loja do Estado do Pará solicitando ao sereníssimo Grão-Mestre a criação da primeira loja. No mesmo mês, o irmão Roldão Sereni, representante daquela Potência[5] para o Território do Amapá, manteve contato com os irmãos em um jantar no Macapá Hotel, para concretizar a ideia de fundação da oficina. No dia 2 de abril, os maçons eram convidados através da imprensa local, mesmo os irregulares (Figura 1), para uma reunião no dia 10, "em lugar a lhes ser avisado previamente pelo irmão Antonio Pereira da Costa, para tratar-se de assuntos de interesse da Ordem" (Pessôa, 1968)[6].

**Figura 1.** Aviso da reunião.

---

[5] Diz-se obediência ou potência maçônica um sistema de subordinação e congregação de três ou mais lojas a nível estadual ou nacional.
[6] PESSÔA, José Alves. **O mundo fraternal da maçonaria no Amapá**, Macapá: Edição do autor, 1968, p. 5.

Após os primeiros encontros, sob a égide daquela Obediência, nascia em **24 de julho de 1947**, a Loja Simbólica "Duque de Caxias" n° 16, trazendo oficialmente a vetusta Ordem ao Amapá[7,8,9,10].

Os 14 fundadores e considerados beneméritos, segundo Pessôa (1968), foram estes valorosos irmãos[11]:

**Antonio Pereira da Costa**

**Antônio Valdemar Veiga**

**Cláudio de Rezende de Rego Monteiro**

**Eduardo Felgueiras**

**Eloy Monteiro Nunes**

**Flávio de Carvalho Maroja**

**José Alves Pessôa**

**José da Silva Castanheira**

**José Hermínio Amorim**

**José Vitor Contreiras**

**Julio Venancio Coelho**

**Nuta Wolf Pecher**

**Roldão Sereni**

**Tasso Alencar**

---

[7] Aferição indireta da data, conforme documentos das notas 8 a 10, em face de inexistir na loja a Ata de Fundação.
[8] PRANCHA n° 1-48, da Loja Duque de Caxias, de 24.03.1948. **Coletânea de documentos de 1948**. Macapá: Secretaria da Loja Duque de Caxias.
[9] PRANCHA n° 410/48, da Grande Loja do Estado do Pará, de 25.10.1948. Op. Cit., 1948. Macapá: Secretaria da Loja Duque de Caxias.
[10] PROMESSA de Obediência da Loja Duque de Caxias, de 19.11.1948. **Coletânea de documentos de 1948**. Macapá: Secretaria da Loja Duque de Caxias.
[11] PESSÔA, José Alves. Op. Cit. 1968, p. 17.

Nos seus primórdios, a loja foi governada por uma diretoria provisória e se reunia na casa do primeiro Venerável Mestre, adotando essa composição[12]:

**Antônio Valdemar Veiga** (Venerável Mestre)

**Nuta Wolf Pecher** (1º Vigilante)

**Julio Venancio Coelho** (2º Vigilante)

**Flávio de Carvalho Maroja** (Orador)

**José Alves Pessôa** (Secretário)

**Antonio Pereira da Costa** (Tesoureiro)

**José Vitor Contreiras** (Mestre de Cerimônias)

A primeira Carta Constitutiva foi emitida em 25 de agosto de 1947 oriunda da Grande Loja do Estado do Pará[13]. Trata-se de um documento que autoriza o funcionamento de uma loja maçônica, tornando-a além de justa e perfeita, regular. De certa forma é um alvará, emanado de uma Obediência também regular. Na lição de Carvalho (1995), basta a sua portabilidade para conferir tal eficácia[14].

Há pouco mais de sete meses desde a fundação, veio a óbito no dia 7 de março de 1948, o irmão Antônio Veiga. Não consta nos registros compulsados, o motivo da perda irreparável para a jovem loja maçônica[15].

---

[12] PRIMEIRA diretoria da Loja Duque de Caxias. **Administrações da Loja Maçônica Duque de Caxias**. Macapá: Secretaria da Loja Duque de Caxias, 1987, 200 p.

[13] PROMESSA de Obediência da Loja Duque de Caxias, de 19.11.1948. Op. Cit., 1948. Macapá: Secretaria da Loja Duque de Caxias.

[14] CARVALHO, Assis. **Cadernos de estudos maçônicos**: o aprendiz maçom grau 1, Londrina: A trolha, 1995, p. 116.

[15] PRANCHAS nºs 3-48 e 8-48, da Loja Duque de Caxias, ambas de 24.03.1948. Op. Cit., 1948. Macapá: Secretaria da Loja Duque de Caxias.

Todavia, no dia 2 de abril, por meio de um Prancha endereçada ao irmão José Castanheira, a loja reporta o nefasto acontecimento, quando em suma pranteia[16]:

> Cumpro, a seguir, com o maior pesar, o dever de comunicar a infausta notícia do falecimento, em Belém do Pará, do nosso querido e bondoso irmão Antonio Valdemar Veiga, Venerável desta Augusta e Respeitável Oficina.
>
> O crepe que envolveu as colunas da nossa loja, encheu da mais sincera tristeza os corações de todos os irmãos do Quadro, na qual ele era um dos mais laboriosos e entusiasta Obreiro.
>
> Esta perda abriu profunda lacuna em nossas fileiras. Mas, o exemplo de abnegação, perseverança e amor à nossa sublime instituição, servirá de farol para nós, que faremos de tudo para alcançar o fim colimado, e tornar a maçonaria uma realidade.

A partir de então, a oficina passou a ser gerida por outro corpo transitório, tendo como membros[17]:

**Nuta Wolf Pecher** (Venerável Mestre interino)

**José Clarindo Pinheiro** (1º Vigilante)

**Antonio Pereira da Costa** (2º Vigilante)

**Eloy Monteiro Nunes** (Orador)

**A. Hermínio Amorim** (Tesoureiro)[18]

**José Alves Pessôa** (Secretário)

**José Vitor Contreiras** (Mestre de Cerimônias).

---

[16] PRANCHA nº 10-48, da Loja Duque de Caxias, de 02.04.1948. Op. Cit., 1948. Macapá: Secretaria da Loja Duque de Caxias.

[17] PRANCHA nº 12, da Loja Duque de Caxias, de 15.04.1948. Op. Cit., 1948. Macapá: Secretaria da Loja Duque de Caxias.

[18] Provavelmente por erro de digitação da Prancha Duque nº 12, de 15.04.1948, em vez de citar "José Hermínio Amorim", irmão reconhecido do quadro, apontou equivocadamente "A. Hermínio Amorim".

# 2

# ESCOLHA DA SEGUNDA DIRETORIA

Quase dois meses depois, no dia 5 de maio de 1948, em sessão realizada na sede dos Serviços de Transportes do Território do Amapá (Sertta), o Venerável Mestre interino Nuta Wolf Pecher, precisamente, às 18h, declarou aberta a sessão, congratulando-se com os presentes por vê-los mais uma vez fraternalmente unidos com o objetivo de trabalhar pelo engrandecimento da maçonaria. A seguir, passou-se a tratar de assuntos da Ordem do Dia, tais como: construção do Templo e reconstituição do corpo administrativo da loja. O Irmão Roldão Sereni, fazendo uso da palavra principiou agradecendo ter sido eleito para representar a loja junto à Sereníssima Grande Loja do Estado do Pará, tudo tendo feito para corresponder à confiança nele depositada pelos obreiros do nosso quadro. Disse que viera agora à Macapá unicamente para dar a sua colaboração no esforço que todos os irmãos deviam fazer para que fosse erguido o Templo da Loja "Duque de Caxias". Chegara aqui e procurou opiniões e colher sugestões para determinar a forma de levantar a obra[19].

---

[19] ATA do dia 5 de maio de 1948. **Livro de atas**: 1948/1949, p. 1-2. Macapá: Secretaria da Loja Duque de Caxias.

O Irmão Sereni que, além de fazer algumas considerações a respeito da loja, leu uma Prancha da Grande Loja sobre a regularização da oficina, e fez lembrar a necessidade da recomposição do corpo administrativo. O irmão Pecher abordou o assunto declarando que a alguns obreiros já fizera sentir o seu ponto de vista de renunciar ao cargo que ocupava de forma interina e, por isso, indicava para o cargo de Venerável, o respeitável irmão Eloy Monteiro Nunes, certo de que ele seria uma alavanca poderosa para o progresso de nossa loja. Sereni fez elogios à atuação do irmão Pecher pela clarividência e amor à nossa instituição, no que foi aplaudido maçonicamente por todos[20].

Na ocasião, os irmãos foram aclamados e a seguir empossados, nos seguintes cargos:

**Eloy Monteiro Nunes** (Venerável Mestre)

**Nuta Wolf Pecher** (1° Vigilante)

**Julio Venancio Coelho** (2° Vigilante),

**Flávio de Carvalho Maroja** (Orador)

**José Alves Pessôa** (Secretário)

**Antonio Pereira da Costa** (Tesoureiro)

**José Vitor Contreiras** (Mestre de Cerimônias)

**José Hermínio Amorim** (Guarda do Templo)

Eloy Nunes, em nome dos recém-eleitos, disse do quanto estavam todos imbuídos da vontade de bem trabalhar pelo engrandecimento da loja e pelo constante progresso da

---

[20] Idem.

maçonaria no Território Federal do Amapá[21,22]. A moderna administração recebeu saudações de diversas autoridades locais, entre elas a do govenador Janary Nunes, do deputado federal Coaracy Nunes e do juiz de direito da comarca Uriel Sales de Araújo[23,24,25].

As tratativas para a construção do Templo começaram logo após a fundação da loja. Naquele meio tempo, as reuniões se realizavam na casa do primeiro Venerável Mestre. Com a sua morte, passaram a ser efetuadas no apartamento do hotel onde residia o irmão José Clarindo Pinheiro. Não havia absolutamente imóvel disponível em Macapá, capital em formação, a sofrer por isso uma crise habitacional. Cogitou-se alugar uma residência que iria vagar brevemente, para iniciar a fase prática dos trabalhos. No entanto, a Ordem já dispunha da doação de um terreno, efetuada pelo então Governo do Território Federal do Amapá e já começavam a adquirir os materiais necessários para a empreitada maçônica[26].

A vontade dos pioneiros ganha fôlego com a sessão ocorrida no início de maio, quando transcorreu a recomposição administrativa, mas não deixou de lado outros assuntos corriqueiros da fase de implantação da loja. Naquele momento,

---

[21] ATA do dia 5 de maio de 1948. Op. Cit., 1948, p. 1-2. Macapá: Secretaria da Loja Duque de Caxias.
[22] PRANCHA nº 222-VI/948, da Grande Loja do Estado do Pará, de 07.06.1948. Op. Cit., 1948. Macapá: Secretaria da Loja Duque de Caxias.
[23] OFÍCIO nº 189/48-GAB, do Governo do Território Federal do Amapá, de 21.05.1948. **Coletânea de documentos de 1948**. Macapá: Secretaria da Loja Duque de Caxias.
[24] CARTA s/n, do Deputado Coaracy Nunes, de 18.06.1948. **Coletânea de documentos de 1948**. Macapá: Secretaria da Loja Duque de Caxias.
[25] OFÍCIO nº 113/48, do Juiz de Direito da Comarca de Macapá, de 31.05.1948. Op. Cit., 1948. Macapá: Secretaria da Loja Duque de Caxias.
[26] PRANCHAS nºs 13, e 36 a 39, da Loja Duque de Caxias, de 15.04.1948 e 12.05.1948. Op. Cit., 1948. Macapá: Secretaria da Loja Duque de Caxias.

a "Duque" ainda não havia começado os seu trabalhos ritualísticos por falta de Templo, mesmo que fosse um local provisório, a coberto, para as iniciações[27].

Para o referido intento, as estratégias foram traçadas na reunião. O irmão Sereni, fazendo uso da palavra, disse que viera à Macapá unicamente para dar a sua colaboração no esforço que todos os irmãos deviam fazer para que fosse erguido o Templo da "Duque de Caxias". Chegara aqui e procurara várias opiniões e achou mais plausível a sugestão do irmão Pessôa, para que se efetuasse um pedido ao então governador Janary Nunes, de materiais de construção necessários e, se conseguisse, por empréstimo, os metais precisos para as despesas com a mão de obra. O problema era amealhar o dinheiro, pois além da mão de obra, o Templo precisaria de alfaias, citando ainda a necessidade de se adquirir um retrato do Duque de Caxias, uma bandeira nacional e um estandarte para a loja. Lembrou, ainda, de se tentar um empréstimo com o senhor Clodóvio Coelho, "homem probo e candidato a membro da nossa Loja". Ventilou também a possibilidade de obter o empréstimo junto ao Banco do Brasil. E, ao final, destacou que a loja iria ter novos irmãos no quadro e de acordo com uma lista já organizada de várias pessoas, poderia ter ou receber doações[28].

Por conta da empolgação do irmão Sereni, o Venerável Mestre Eloy Nunes ponderou que se tivesse o cuidado de não deixar transparecer a certos candidatos um pedido de adiantamento de dinheiro. Pecher, a seguir, deixou claro que a solução para levantar o Templo passava pelo empréstimo

---

[27] PRANCHA n° 21, da Loja Duque de Caxias, de 11.05.1948. Op. Cit., 1948. Macapá: Secretaria da Loja Duque de Caxias.
[28] ATA do dia 5 de maio de 1948. Op. Cit., 1948, p. 1-2. Macapá: Secretaria da Loja Duque de Caxias.

sugerido. O irmão Maroja propôs e conseguiu aprovar a nomeação de duas comissões. Uma para atuar junto ao governador, composta dos irmãos Eloy Nunes, Nuta Pecher, Roldão Sereni, Antonio Costa e José Alves Pessôa; e a outra para obter um empréstimo junto ao senhor Clodóvio Coelho, com os seguintes membros: Eloy Nunes, Roldão Sereni e José Alves Pessôa[29].

Em 12 de maio de 1948 a secretaria da loja expediu várias Pranchas a outras congêneres solicitando que elas agradecessem ao governador a tudo quanto ele estava fazendo em benefício da nossa Sublime Ordem. Isso demonstrou ser importante para valorizar o relacionamento com as autoridades locais, na fase de implantação da maçonaria no Amapá. Pelo menos duas coirmãs responderam: a Grande Maçônica Loja do Estado de Minas Gerais e a Loja Maçônica "Deus e Caridade" nº 9 da Grande Loja Maçônica do Estado do Ceará. Aquela mesma Potência ainda realizou a doação de uma Bíblia Sagrada, quinze aventais de pele de ovelha branca, duzentos formulários para testamentos de candidatos e duzentos Códigos Maçônicos[30,31,32,33].

Prosseguindo com a sessão inaugural da nova diretoria, Sereni propôs que fosse definido o dia 25 de agosto próximo para a consagração do Templo, regularização da loja e serem

---

[29] Idem.
[30] PRANCHA nº 72, da Loja Duque de Caxias, de 12.05.1948. Op. Cit., 1948. Macapá: Secretaria da Loja Duque de Caxias.
[31] PRANCHA nº 101-48, da Loja Duque de Caxias. Op. Cit., 1948. Macapá: Secretaria da Loja Duque de Caxias.
[32] PRANCHA s/n, da Loja Deus e Caridade do Estado do Ceará, de 23.08.1948. Op. Cit., 1948. Macapá: Secretaria da Loja Duque de Caxias.
[33] PRANCHA nº 49-9.4, da Grande Loja Maçônica do Estado do Ceará, de 20.09.1948. Op. Cit., 1948. Macapá: Secretaria da Loja Duque de Caxias.

efetuadas as primeiras iniciações, convidando para os eventos as maiores autoridades da Grande Loja do Estado do Pará[34].

O secretário Pessôa ficou incumbido endereçar Pranchas a todas as lojas da jurisdição, solicitando a oferta de uma ou duas espadas e algumas alfaias. Na sequência, tratou-se sobre um movimento de solidariedade iniciado em Belém pelo irmão Antonio Costa a favor da viúva do saudoso Venerável Antonio Veiga. Ficou resolvido a sua ampliação para beneficiar também a viúva do irmão Tasso Alencar[35], para o qual concorreram os irmãos Pessôa, Amorim e Coelho (Cr$ 50,00), Nuta, Eloy, Maroja e Costa (Cr$ 70,00) e Sereni (Cr$ 80,00). Por fim, o Venerável Mestre fixou a data das reuniões semanais para ocorrer nas quintas-feiras, às 20h.

---

[34] ATA do dia 5 de maio de 1948. Op. Cit., 1948, p. 1-2. Macapá: Secretaria da Loja Duque de Caxias; e data confirmada nas Cartas de 25.05.1948 e 18.06.1948, do irmão Roldão Sereni, de Belém-PA.

[35] Outro pioneiro e fundador da loja que passou ao Oriente Eterno, no mesmo período do Irmão Antonio Veiga.

# 3

# AS COMISSÕES ARRECADADORAS

Então, as duas comissões foram a campo e retornaram exitosas. A primeira relatou, no dia 13 de maio, que fora recebida em audiência especial junto ao excelentíssimo senhor governador do Território. Seus membros tiveram a satisfação de expor os fins a que os levaram até ao gabinete governamental, que ouviu atentamente a exposição de motivos. O senhor governador Janary Nunes ficou "ativamente impressionado", nas palavras de Pessôa, ao saber que a Loja "Duque de Caxias" iria construir a sua sede e pretendendo inaugurá-la no dia máximo do seu grande patrono. A comissão apresentou a planta do futuro Templo, tendo o governador elogiado a iniciativa. Por fim, Janary prometeu contribuir em nome do Governo do Território, com a doação de todas as telhas para cobrir o prédio, além de mosaicos, se comprometendo ainda ceder materiais de construção no valor de Cr$ 10.000,00 (dez mil cruzeiros) e, até mais se preciso, para pagamento em até cinco anos, além de facilitar tudo o que fosse possível visando a conclusão das obras. Desejou que a festa da maçonaria, no dia 25 de agosto, representasse o ponto alto dos festejos do Dia do Soldado e de Duque de Caxias[36].

---

[36] ATA do dia 13 de maio de 1948. Op. Cit., 1948, p. 3. Macapá: Secretaria da Loja Duque de Caxias.

A segunda comissão retornou da missão no dia 27 de maio, após viagem até o município paraense de Afuá, local da residência do senhor Clodóvio Coelho. Foi principescamente recepcionada e alcançando o seu intento do empréstimo no valor de Cr$ 20.000,00 (vinte mil cruzeiros) para pagamento sem juros e no prazo que fosse possível para o seu resgate. Recebeu então a quantia em cheque, sendo posteriormente trocado junto ao Banco do Brasil, ficando a respectiva importância depositada na mesma instituição financeira para custear as obras do Templo[37,38,39,40].

Na sessão ocorrida em 3 de junho, desta feita na residência do Venerável Mestre Eloy Nunes, situada na praça Rio Branco[41], foram detalhados os materiais até então existentes em loja: colares de Mestres, Carta Regularizadora[42] de 25.08.1947, quadro dos membros fundadores, cópia da planta do futuro Templo, quatro rituais de Mestre (mais um antigo), quatro rituais de Companheiro (mais um antigo), quatro rituais de Aprendiz (mais um antigo), onze opúsculos (brochuras), um ritual de regularização, um Código Maçônico, dois blocos de propostas, dois blocos de papel timbrado para Pranchas e cem envelopes timbrados. Os timbres provavelmente eram da

---

[37] ATA do dia 27 de maio de 1948. Op. Cit., 1948, p. 4. Macapá: Secretaria da Loja Duque de Caxias.

[38] PRANCHA nº 21, da Loja Duque de Caxias, de 11.05.1948. Op. Cit., 1948. Macapá: Secretaria da Loja Duque de Caxias.

[39] PRANCHAS nºs 36 a 39, da Loja Duque de Caxias, de 12.05.1948. Op. Cit., 1948. Macapá: Secretaria da Loja Duque de Caxias.

[40] PRANCHA nº 73, da Loja Duque de Caxias, de 26.05.1948. Op. Cit., 1948. Macapá: Secretaria da Loja Duque de Caxias.

[41] Mais conhecida atualmente como Praça Barão do Rio Branco ou Praça do Barão.

[42] Trata-se, contudo, da Carta Constitutiva, conforme gravado na Promessa de Obediência de 19.11.1948.

Grande Loja do Estado do Pará, pois no rol de objetos faltantes constava a ausência de carimbos com o sinete da loja, além da necessidade de livros de presença para obreiros e visitantes, livro de atas, de aventais e faixas aos irmãos do quadro[43].

Chegada a noite de 10 de junho, com a regularidade definida para às 20h de todas as quintas-feiras, mais uma sessão foi realizada na residência do Venerável Mestre Eloy Nunes, como seriam todas as outras até antes da inauguração do Templo. Na oportunidade houve a proposta do irmão Costa para formar uma comissão visando tratar exclusivamente das obras da loja, sendo aprovada sem maiores discussões. O Venerável relata ainda, naquele dia, ter encontrado entre os papéis da "Duque" alguns documentos maçônicos do saudoso irmão Antonio Valdemar Veiga, que em vida também pertencera à Augusta e Respeitável Loja "Electra" de Porto Alegre, Rio Grande do Sul. Propôs que os papéis ficassem arquivados na oficina como uma lembrança do pranteado irmão, fundador da loja e seu primeiro Venerável[44].

---

[43] ATA do dia 3 de junho de 1948. Op. Cit., 1948, p. 5. Macapá: Secretaria da Loja Duque de Caxias.
[44] ATA do dia 10 de junho de 1948. Op. Cit., 1948, p. 6. Macapá: Secretaria da Loja Duque de Caxias.

# 4

# A OBRA COMEÇA

Sem perda de tempo, na sessão de 17 de junho, os irmãos se mostravam bastante entusiasmados e ansiosos pelo início dos trabalhos da construção do Templo. Costa noticiou que estava para serem iniciadas as obras e já se procedia a escolha dos empreiteiros para a realização dos serviços. O Venerável Eloy Nunes também providenciava as requisições dos materiais de acordo com os entendimentos feitos com o excelentíssimo governador e encomendas realizadas ao industrial senhor José Serafim Coelho. Outra realização do dia, foi a expedição de uma Prancha ao irmão Sereni, em Belém-PA, reportando a necessidade de alfaias, estandarte e outros objetos imprescindíveis aos trabalhos práticos da oficina[45].

A próxima reunião veio a coincidir com o dia 24 de junho, data festejada com muito simbolismo pela maçonaria mundial. Dando uma pausa no assunto predominante até então na loja, que era a construção do Templo, o Venerável Mestre Eloy Nunes aproveitou a sessão para apresentar uma memorável Peça de Arquitetura sobre a efeméride[46]:

---

[45] ATA do dia 17 de junho de 1948. Op. Cit., 1948, p. 7. Macapá: Secretaria da Loja Duque de Caxias.
[46] ATA do dia 24 de junho de 1948. Op. Cit., 1948, p. 8-9. Macapá: Secretaria da Loja Duque de Caxias.

Prezados Irmãos, não podendo se realizar a tradicional festa maçônica simbólica de vinte e quatro de junho, aproveito a nossa sessão semanal comum para, e por sua coincidência, nesta data, nos lembra que, nos tempos remotos, a cada sessão maçônica seguia-se um banquete. As festas que promovemos a 24 de junho e 27 de dezembro, como todos os ágapes em que os maçons se congregam, devem ser tidos na linha das mais antigas solenidades. Entre os iniciados e os filósofos de todos os tempos, a comemoração do Solstício do Verão era consagrado à gratidão, e a do Solstício de Inverno à esperança. Os mestres modernos da nossa Instituição, selando nossos mistérios, conservavam estas festas da Ordem, titulando-as dois São João como seus patronos. Assim, o Solstício de Verão é comemorado como o nascimento de São João Batista, e o de Inverno, como data onomástica de São João Evangelista, sendo que este, segundo nossas tradições, foi chefe (grão-mestre) de um dos velhos rituais da antiga maçonaria na Palestina, cujos filiados eram denominados "essênios". São João Batista foi, na sua vida, mistério e caridade. É dele a comparação, equiparando à morte o coração que a ninguém ama. Seu nome, que quer dizer porta, justifica bem a escolha para patrono da moderna maçonaria. São João, diz a Escritura, instruía quantos o procuravam e mergulhava-os nas águas do Jordão, para lavá-los simbolicamente das nódoas morais. Os maçons, nesta parte, são fiéis imitadores de seu padroeiro, acolhendo os profanos que solicitam e merecem ser esclarecidos. E antes de conceder a luz da iniciação aos candidatos, eles os purificam, apontando-lhes funestos efeitos da ignorância, do fanatismo e dos preconceitos sociais. Como São João, os maçons praticam e querem converter a humanidade ao bem. Todavia, se estudarmos as mitologias pagãs, aí encontraremos um deus que se invocava em todos os sacrifícios, por ter sido, dizia-se, o primeiro que construiu templos e instituiu rito misterioso e sagrado. Suas funções, no Olimpo, era guardar as portas do céo (januae coeli). Chamavam-nos Janus, donde o nosso João, segundo alguns autores. Para nós é bastante notar que o nome do santo está colocado, no calendário religioso, a vinte e quatro de junho, época de um dos solstícios. A instituição maçônica tendo por objetivo elucidar moralmente todas as classes da ordem social, foi muito feliz tomando para símbolo de suas importantes funções o quadro físico do céo, e comparando ao Templo incomensurável da natureza a sua miniatura, a que chamamos Lojas. Dizendo que a luz física vem do oriente do mundo, afirmamos que todas as Lojas, fócos donde emanam os esforços gerais tendentes a iluminar a razão humana, constituem outros tantos orientes particulares. Isso nos explica porque o interior das Lojas ostenta a imagem do Sol, da Lua e da abóbada celeste. Conhecemos também, que as planícies do céo, todos os anos, a quando do mesmo solstício, se acham luxuosamente abastecidas com mais luz, pela parada ou antes pela chegada do astro restaurador a certo ponto do céo. Era natural que este período afortunado fosse preferido pelos maçons, para consagrá-lo aos [ilegível] da alegria, e que o personagem indicador de tão feliz momento fosse oficialmente invocado como protetor do culto misterioso prestado ao Eterno Arquiteto do Universo, pelos Filhos da Luz. Temos que imitar ainda, no padroeiro da Ordem, e conforme consta da Escritura Santa, o vigor com que pregava contra os vícios e que nenhuma consideração humana podia corromper; suas censuras não poupando os grandes, nem os padres, nem os doutores, nem os mortais colocados pelo destino acima de seus semelhantes, todos tendo o dever de exercitar o bem e nunca o mal. Não é apenas para fazer preces a São João que nós nos reunimos. Nosso cerimonial não prescreve isso, o que seria contrário ao próprio espírito da Ordem, porque a Maçonaria sendo independente de qualquer religião, embora a todas respeite, foi e continua como instituição pertencente a todos os séculos, a todos os países. A suprema verdade vive no sentimento da união fraterna com que pretendemos ligar todos os homens, pondo de lado todos os dissídios religiosos e políticos, assunto que sabiamente é vedado abordarmos. Somos os servos do Templo da Sabedoria, pregamos o esquecimento dos prejuízos, a liberdade de todas as crenças e o culto da moral que desejamos seja universal e invariavel. Cumpre-nos explicar aos Irmãos desejosos de saber, que, como se aprende na história de todos os povos, na época dos solstícios o universo oferece, cada ano, o magnifico espetáculo de uma grande festa; e a Maçonaria, tão fecunda em felizes e sublimes alegorias, soube aproveitar o que apresenta significativa e facilmente um dos maiores fenômenos da natureza – o Triunfo completo da luz sobre as trévas. [sic]

Durante o mês de julho, a oficina se reuniu nos dias oito e quinze, basicamente para deliberar assuntos de expediente. O mais relevante tratou da comunicação recebida pela Grande Loja do Estado do Pará, dando conta da cassação das Cartas Constitutivas das Lojas "Redenção do Oriente",

"Cavaleiros da Luz" e "Vigário Bartolomeu Fagundes", todas pertencentes à Obediência da Grande Loja do Estado de Pernambuco, em consequência de graves acontecimentos ocorridos no corpo dessas coirmãs, razão pela qual o Sereníssimo Grão-Mestre expediu a proibição do ingresso de obreiros daquelas lojas nos Templos da Jurisdição.

Na sessão seguinte, aos vinte e dois dias, serviu para leitura de uma carta enviada pelo irmão Sereni a informar sobre as várias homenagens que a Loja "Duque de Caxias" recebeu, entre as quais, a do Sereníssimo Grão-Mestre da Grande Loja do Estado do Pará, coronel Apolinário Moreira, durante uma iniciação da Loja "Renascença", realizada no dia 5 de julho. Naquela ocasião, a loja havia sido representada pelo signatário e pelo irmão Rogaciano Franco. A homenagem do Grão-Mestre se revelou através de um "boquet de flôres naturais", dizendo ter sido dedicado à sua esposa, mas, estando ela ausente, as oferecia à nossa loja.

Com as flores já murchas, o irmão Sereni prometeu, sem revelar a intenção, guardá-las em uma redoma de vidro, para serem entregues aos obreiros da "Duque" no dia da inauguração do Templo, como surpresa ao irmão Apolinário[47].

---

[47] ATAS dos dias 8, 15 e 22 de julho de 1948. Op. Cit., 1948, p. 10-13. Macapá: Secretaria da Loja Duque de Caxias.

# 5

# FRUSTRAÇÃO E HOMENAGEM

As obras caminhavam a todo vapor, tendo a Grande Loja do Estado do Pará cogitado organizar uma enorme comitiva para vir à festa do dia 25 de agosto, conforme aviso do irmão Sereni. O Venerável Mestre Eloy Nunes anunciou o "batimento da cumeeira do Templo"[48] ocorrida em 14 de julho, tendo comparecido àquele evento o capitão Janary Nunes, governador do Território, que proferiu ligeiro discurso exaltando a perseverança e entusiasmo dos maçons de Macapá e ofereceu mais o que fosse necessário para a conclusão das obras, a repetir o que já havia dito à comissão[49].

Apesar do empenho iniciado com a posse da nova diretoria, em maio de 1948, a realidade se impõe e a festividade marcada para o dia 25 de agosto restou frustrada. Aquela data havia sido escolhida por ser o dia do Soldado e do nascimento de Duque de Caxias. No entanto, por falta de tábuas e telhas na cidade, entre outros problemas de logística, não havia como manter o prazo. Os materiais eram transportados por meio de embarcações, provenientes da serraria do senhor José Serafim,

---

[48] Marco da evolução de uma obra, consistente na aresta entre duas águas, na parte mais alta de um telhado.
[49] ATA do dia 29 de julho de 1948. Op. Cit., 1948, p. 13. Macapá: Secretaria da Loja Duque de Caxias.

da localidade de Baturité, Município de Afuá-PA[50]. Convém destacar a carência da infraestrutura local, aliada a falta de recursos humanos e materiais em uma capital com poucos anos de implantação. Somente o destemor e a dedicação dos primeiros maçons conseguiram enfrentar tamanho desafio.

Outro fato que também impossibilitou o desejo da inauguração do Templo na data pré-estabelecida, foi a ida do governador à capital do país (Rio de Janeiro) a fim de ser submetido a uma intervenção cirúrgica. O procedimento transcorreu aparentemente sem complicações, mas não teve a sua natureza revelada[51].

A data assim ficou transferida para o dia 19 de novembro, pela celebração do dia da Bandeira, "cujo pavilhão Caxias desfraldou galhardamente em sua vitoriosa carreira"; e uma demonstração de gratidão a quem tanto ajudou a Ordem, em referência ao capitão Janary, destacou Eloy Nunes[52,53].

Durante o encontro havido a 12 de agosto, foi comunicado o recebimento de um cheque no valor de Cr$ 1.000,00 (hum mil cruzeiros), objeto de doação da Loja Maçônica "União e Perseverança" do Oriente de Porto Velho, Território Federal do Guaporé[54].

O dia 25 de agosto é marcado por várias homenagens dedicadas ao patrono da Loja, o Duque de Caxias, entre as quais

---

50 ATA do dia 5 de agosto de 1948. Op. Cit., 1948, p. 14. Macapá: Secretaria da Loja Duque de Caxias.
51 Idem.
52 Idem.
53 PRANCHA s/n, da Loja Duque de Caxias, de 1948. Op. Cit., 1948. Macapá: Secretaria da Loja Duque de Caxias.
54 ATA do dia 12 de agosto de 1948. Op. Cit., 1948, p. 15. Macapá: Secretaria da Loja Duque de Caxias.

se destaca a prestada pelo irmão e Secretário da oficina, José Alves Pessôa[55]:

A data de 25 de agosto era para nós de grande júbilo pois significava para nós da Aug∴ e Resp∴ Loja Duque de Caxias, o nosso maior dia. Nesta data em mil oitocentos e três nasceu aquele que mais tarde foi o marechal e duque de Caxias, Luiz Alves de Lima e Silva. Sua vida foi inteiramente dedicada à Pátria. Pois quasi que nasceu soldado. Aos cinco anos de idade foi declarado cadête, numa justa homenagem ao seu ilustre progenitor régente que foi do Imperio e membro da ilustre família de generáis. Caxias foi o primeiro porta-bandeira do nosso Império, o guardião do sagrado pavilhão do Regimento do Imperador. Soldado leal, ficou até o fim ao lado do Primeiro Imperador, mais tarde tornou-se o Pacificador de Provincias, Marquez, Conde e finalmente Duque, de cadete a marechal do Imperio, comandante dos Exércitos aliados na guerra do Paraguái, idealizador e executor da celebre marcha de flanco que levou as tropas aliadas ao coração da capital inimiga, Caxias foi aos sessenta e cinco anos de idade o herói da Ponte de Itororó, quando no instante psicológico da luta empunhou a bandeira e á frente das tropas eletrizando os nossos soldados, sob a metralha e o furor do inimigo conquista a palma da gloria honrando o nome do Brasil. Militar e civil exemplar em todos os atos da sua vida. Ministro de Estado e Chefe do Gabinete revelou sempre grande [ilegível] e grande amor ao povo e à terra que lhe serviu de berço. Foi, por tudo isto, uma homenagem justa, oportuna, dando-se à nossa Loja o nome glorioso de Caxias, o maçom perfeito, bom militar, bom político, ótimo chefe de familia exemplar patriota. [ilegível] do Império, servindo com lealdade a dois Imperadores Caxias nos deu o exemplo extraordinário da disciplina, da obediencia sem mácula. Pautando todos os atos de sua vida numa correção ímpar êle é exemplo frizante, positivo do quanto podemos e devemos fazer pelo Brasil. Foi uma justa e grande homenagem que o exercito prestou ao grande marechal o ter escolhido para seu Patrono. A sua vida militar que pôde ser devassada nas inumeras folhas dos seus assentamentos é o maior livro ou código de disciplina consciente, coragem, bravura, espirito de iniciativa que se pode exemplificar aos nossos bravos

---

[55] ATA do dia 25 de agosto de 1948. Op. Cit., 1948, p. 16-17. Macapá: Secretaria da Loja Duque de Caxias.

pracinhas. No dia do soldado brasileiro, que é o dia de Caxias, a nossa Aug.·. e Resp.·. Loj.·. Simb.·. Duque de Caxias, deve reverenciar o nome do seu grande paraninfo e cada um dos nossos IIr.·. do Aug.·. Quadro refletir nos belos ensinamentos que nos deixou Caxias e que devem nos servir para um trabalho maior e fecundo para que tenhamos uma Patria grande e uma forte e gloriosa no contexto das nações, grande pelo trabalho dos seus filhos, forte pela inteiresa moral dos seus homens e gloriosa pela conquista dos mais elevados pensamentos de Paz e harmonia de que tens dado tantos exemplos já. [*sic*]

Os trabalhos da loja então seguiam em busca de equipá-la com objetos simbólicos para uso ritualístico, como foi o caso do envio de materiais obtidos pelo irmão Sereni. Recebe também a doação do retrato de Duque de Caxias oriundo da Loja Maçônica "Sete de Setembro" (não há indicação de qual seja o Oriente e a Potência) [56,57,58].

Suas atividades ainda se desenvolviam de forma precária e provisória. Apesar da regularidade conferida pela Carta Constitutiva, não era possível realizar iniciações em ambientes profanos, por força da legislação maçônica somente permitir tais atos em um Templo consagrado. Neste momento, a 24 de setembro de 1947, a Grande Loja do Estado do Pará nomeia uma Comissão Regularizadora da Loja, visando dar conformidade à oficina recém-instalada, sendo então presidida pelo irmão José da Silva Castanheira[59].

---

[56] CARTA s/n, do irmão Roldão Sereni, de 18.06.1948. Op. Cit., 1948. Macapá: Secretaria da Loja Duque de Caxias.

[57] PRANCHA s/n, da Loja Duque de Caxias, de 1948. Op. Cit., 1948. Macapá: Secretaria da Loja Duque de Caxias.

[58] TELEGRAMA s/n, do irmão Roldão Sereni, de 1948. **Coletânea de documentos de 1948**. Macapá: Secretaria da Loja Duque de Caxias.

[59] PRANCHA n° 165-IV/948, da Grande Loja do Estado do Pará, de 05.04.1948. Op. Cit., 1948. Macapá: Secretaria da Loja Duque de Caxias.

Em 28 de outubro, a Grande Loja do Estado do Pará informa sobre a aprovação do desenho para a confecção do estandarte, orientando "a manter em seu mastaréu, como um verdadeiro pálio de luz nessa nova constelação que é, sem dúvida alguma, a Aug∴ e Bem∴ Loj∴ Simb∴ Duque de Caxias"[60]. Emite, outrossim, no mesmo dia, um Ato autorizando a Elevação e a Exaltação do irmão Flávio de Carvalho Maroja, que havia iniciado em 17 de abril de 1943 pela Loja Maçônica "Firmeza e Humanidade" nº 1[61].

A propósito do estandarte, o Venerável encaminha missiva através de um portador, endereçada ao irmão Sereni, a rogar o envio de cetim verde folha, no tamanho 1,10 m x 0,70 m, para a confecção da insígnia; e de outros "materiais pesados" que poderiam ser encaminhados por via marítima através do rebocador "Araguary" ou do iate "Itaguary", ambos de propriedade do governo do Território[62].

Por conseguinte, as providências para a cerimônia do dia 19 de novembro são tocadas de forma acelerada. Cabe destacar, já perto desta data, um telegrama urgente enviado à Grande Loja em que o Venerável solicita a contratação de um violinista e o trio "Mario Rocha". Para tanto, afirma já ter piano e pianista e que o pagamento seria realizado em Macapá. Pede também a relação dos componentes da caravana com a finalidade de reservar as acomodações. Cita ainda a aprovação do programa pelo governador do Território[63].

---

[60] PRANCHA nº 412/948, da Grande Loja do Estado do Pará, de 28.10.1948. Op. Cit., 1948. Macapá: Secretaria da Loja Duque de Caxias.

[61] ATO N. 20/48, da Grande Loja do Estado do Pará, de 28.10.1948. **Coletânea de documentos de 1948**. Macapá: Secretaria da Loja Duque de Caxias.

[62] PRANCHA s/n, da Loja Duque de Caxias, de 1948. Op. Cit., 1948. Macapá: Secretaria da Loja Duque de Caxias.

[63] TELEGRAMA s/n, da Loja Duque de Caxias, de 16.11.1948. Op. Cit., 1948. Macapá: Secretaria da Loja Duque de Caxias.

# 6

# A CONSAGRAÇÃO DO TEMPLO

A confirmação para os eventos de consagração do Templo e regularização da loja foi obtida dias antes, através de Prancha emanada pela Grande Loja a 21 de outubro. Em outro registro é aprovado, por sua vez, o programa a ser empreendido entre os dias 18 a 21 de novembro de 1948. Sobre esse documento é ilustrativo transcrever o seu conteúdo, tal qual foi chancelado[64,65,66]:

PROGRAMA

DIA 18 – Chegada da comitiva e visita ao Templo.

DIA 19

Manhã – 9 horas – Consagração e Regularização do Templo

Tarde – 16 hs. – Visita ao Exmo Sr. Governador.

Noite – 20 hr. – Iniciação Gr. : 1.

---

[64] PRANCHA nº 407/48, da Grande Loja do Estado do Pará, de 21.10.1948. Op. Cit., 1948. Macapá: Secretaria da Loja Duque de Caxias.
[65] PRANCHA nº 409/48, da Grande Loja do Estado do Pará, de 25.10.1948. Op. Cit., 1948. Macapá: Secretaria da Loja Duque de Caxias.
[66] PROGRAMA aprovado pela Grande Loja do Estado do Pará, de 18.11.1948. **Coletânea de documentos de 1948**. Macapá: Secretaria da Loja Duque de Caxias.

DIA 20

Manhã e Tarde – Visitas á cidade

Noite – 20 horas – Sessão solene de Posse, seguida de sarau dançante.

DIA 21

Manhã – Repouso

Tarde – Regresso a Belém. [sic]

Há ainda um outro programa divulgado no jornal Amapá (órgão oficial do governo do Território Federal do Amapá)[67], que informava detalhadamente as visitas elaboradas para a comitiva, entre as quais: Fortaleza de Macapá, Posto de Puericultura, Hospital e Maternidade em construção, Posto Agropecuário, Olaria, Rádio Difusora, Grupo Escolar, Escola Profissional, Conjunto Residencial Ipase[68] e trecho da estrada "Macapá-Clevelândia", até a Ilha Redonda. Contudo, o primeiro compromisso, logo após a recepção no aeroporto, foi levar as autoridades maçônicas para tomar sorvete no Macapá Hotel.

A lista dos visitantes e os respectivos locais de hospedagem, segundo o mesmo programa, expressa o seguinte conteúdo [sic]:

---

[67] INAUGURADO, em Macapá, o primeiro templo maçônico do Território do Amapá. **Amapá, ano 4, n° 193 de 20.11.1948.** Macapá: Governo do Território Federal do Amapá.

[68] Ipase (Instituto de Pensões e Assistência dos Servidores do Estado), um dos órgãos precursores do atual INSS.

| Visitantes | Hospedagem |
|---|---|
| Major Dr. Júlio Fernandes e Senhora Cecilia Silva Costa Fernandes | Res. Governamental |
| Desembargador Mauricio Pinto e Senhora Helena Ohana Pinto | Res. Dr. Valdez |
| Manoel Benito A. Navas Pereira e Senhora Julieta Leite Pereira | Hotel |
| Antonio Martiniano Peres e Senhora Rita Monteiro Peres | Hotel |
| Custodio Ferreira Diogo e Senhora Felipa Ferreira Silva Diogo | Hotel |
| Manoel Tavares Machado | Hotel |
| Aloizio G. A. Menezes | Hotel |
| Antonio Augusto Azevedo | Hotel |
| Camilo Lelis | Hotel |
| Ciro Batler Pinho | Hotel |
| Raimundo Nobre Ribeiro | IPASE |
| Joaquim Silva Azevedo | IPASE |
| Antonio Ribeiro Alves | IPASE |
| Luiz Teixeira Gomes | Hotel |
| Bruno Menezes | Hotel |
| Salomão Elgrably | IPASE |
| Alfredo Lopes Carvalho | IPASE |
| Antonio Auto Campos | IPASE |
| Fernando Raposo | IPASE |
| Aprigio Nunes Rodrigues | IPASE |
| Manoel Nascimento Marques | IPASE |
| Luiz Queiroz Brasiliense | Hotel |

Desse modo, a programação restou concluída e finalmente é chegado o grande dia, tão aguardado por toda a sociedade e pelos maçons que empreenderam tamanho feito.

Estando a comitiva em terras amapaenses (Figura 2), foi realizada no dia 19 de novembro de 1948, precisamente às 8h30min, no Templo da Augusta e Respeitável Loja Simbólica "Duque de Caxias" nº 16, a sessão magna de inauguração, consagração[69] e posse[70], presidida pelo Sereníssimo Grão-Mestre da Grande Loja do Estado do Pará, o poderoso irmão Dr. Júlio da Costa Fernandes. Os trabalhos foram iniciados com todo o esplendor ritualístico e simbólico. Logo após, o Grão-Mestre declarou consagrado o Templo, mandou proceder a leitura da Carta Constitutiva e convidou o Venerável Mestre Eloy Monteiro Nunes a tomar lugar à sua direita[71].

Foto: Arquivo histórico da Loja Maçônica Duque de Caxias Nº 1

**Figura 2.** Irmãos paraenses na chegada ao aeroporto de Macapá em 1948.

O próximo ato se revestiu no juramento das principais Luzes, assim constituídas: Eloy Monteiro Nunes (Venerável Mestre), Nuta Wolf Pecher (1º Vigilante), Julio Venancio Coelho (2º Vigilante) e Flávio de Carvalho Maroja (Orador).

---

[69] Os termos "consagração" e "sagração" são correlatos (Houaiss, 2010); "consagração" é o ato principal da "inauguração" de um Templo maçônico *in* **Ritual de inauguração de um templo maçônico** (sagração), Macapá: Glomap, 2003, 12p.

[70] Apesar de a diretoria ter sido eleita e tomado posse em 05.05.1948, a Grande Loja do Estado do Pará entendeu que aquele corpo administrativo era provisório, razão pela qual houve novamente tal procedimento, mas só levado a efeito no dia 20 de novembro.

[71] ATA do dia 19 de novembro de 1948, às 8h30min. Op. Cit., 1948, p. 17-20. Macapá: Secretaria da Loja Duque de Caxias.

Feito isso, foi lavrado o termo de Promessa de Obediência, contendo em sua legítima transcrição[72]:

> Nós, abaixo assinados, Obreiros do Quadro da Augusta e Respeitavel Loja "Duque de Caxias", ao Oriente de Macapá, Território Federal do Amapá, instalada a 24 de julho de 1947 (E.'.V.'.), tendo obtido Carta Constitutiva da Serenissima Grande Loja do Estado do Pará (Brasil), a 25 de agosto do mesmo ano, e solenemente regularizada hoje, juramos e prometemos, sob nossa honra, á Gloria do Grande Arquiteto do Universo e á fé de verdadeiros Maçons, livre e voluntariamente, sem restrições ou reserva mental, cumprir e fazer cumprir a Constituição e o Regulamento Geral e outras leis que forem adotadas pela Serenissima Grande Loja do Estado do Pará, á qual asseguramos obediencia, sendo a unica Potencia Maçonica que reconhecemos legal e legitima no Estado do Pará e Territorio Federal do Amapá. [sic]

O documento recebeu as assinaturas dos irmãos Eloy Monteiro Nunes (Venerável Mestre), Nuta Wolf Pecher (1º Vigilante), Julio Venancio Coelho (2º Vigilante), Flávio de Carvalho Maroja (Orador), Antonio Pereira da Costa (Tesoureiro), José Hermínio Amorim (2º Cobridor). Certificaram as autenticidades daquelas firmas, pela Grande Loja do Estado do Pará, os irmãos: Júlio da Costa Fernandes (Grão-Mestre), Manuel Benito Navas Pereira (1º Vigilante), Antonio Martiniano Peres (2º Vigilante), Aluízio de Menezes (Orador) e Ciro Blatter Pinho (Secretário e Chanceler).

O Grão-Mestre, sem interromper, mandou proclamar a regularização da Loja Simbólica "Duque de Caxias", declarando inaugurado o Templo e sua filiação à Sereníssima Grande Loja do Estado do Pará[73].

---

[72] Idem.
[73] A Carta Constitutiva conferida em 25.08.1947, de certa forma, já tornava a Loja Simbólica "Duque de Caxias" regular e filiada à Grande Loja do Estado

Na continuidade dos trabalhos, houve a concessão da palavra aos obreiros. O primeiro a se pronunciar foi o Orador pela Grande Loja, o irmão Aluízio de Menezes. Congratulou os obreiros da oficina pelo brilhantismo do cerimonial, fazendo-lhes a entrega do Templo, seguro de que os sublimes princípios de nossa Ordem terão no Oriente de Macapá um ponto de apoio. Fez ainda considerações sobre a filosofia maçônica, sendo muito aplaudido pelo conteúdo de suas palavras. Pela "Duque de Caxias", o irmão Flavio Maroja[74], em vibrantes palavras agradeceu a presença da "Embaixada Maçônica" e disse não poder deixar de manifestar, por ato de justiça, exaltando o concurso prestado pelo excelentíssimo Senhor Governador do Território, capitão Janary Gentil Nunes, pela conclusão daquele suntuoso Templo (Figura 3), concorrendo como donatário de valor. Exultou o eficiente trabalho dos irmãos Eloy Nunes e Antonio Costa, e acrescentou serem todos merecedores de elogios pelas suas dedicações na construção daquela obra. Com orgulho via a "Caravana Maçônica" abrigada sob a sua abóbada, e que perante o mundo profano servirá de estímulo para todos trabalharem com denodo visando a prosperidade de nossa "Sublime Ordem". Ao encerrar, recebeu muitos elogios pela elegância de suas palavras e foi bastante aplaudido.

---

do Pará, como é da natureza desse título. Porém, como ainda não havia sido inaugurando um Templo para o desenvolvimento dos trabalhos iniciáticos e por considerar as administrações até então provisórias, a Potência resolveu sanar quaisquer irregularidades com a proclamação consubstanciada no termo de Promessa de Obediência (Nota 10).

[74] O irmão Flavio Maroja ainda era Aprendiz Maçom durante a realização daquele evento. Foi iniciado em 17.04.1943 pela Loja Maçônica "Firmeza e Humanidade" n° 1, filiada à Grande Loja do Estado do Pará.

# A INSTALAÇÃO DA ORDEM MAÇÔNICA NO AMAPÁ: 1947-1948

*Foto: Arquivo histórico da Loja Maçônica Duque de Caxias Nº 1*

**Figura 3.** Antigo templo construído em madeira e inaugurado em 1948.

Retornando a palavra ao Grão-Mestre, aquele ordenou ao Mestre de Cerimônias para que tomasse todas as providências ritualísticas necessárias no sentido de ascender o irmão Maroja aos mais altos graus da maçonaria simbólica. Terminadas as formalidades de ofício, esse foi declarado Mestre Maçom, premiando o esforço e boa vontade demonstrados pelo obreiro para com a nossa instituição.

Durante a arrecadação solidária, o irmão Manuel Benito Pereira pediu a palavra e efetuou a leitura de uma mensagem, impressa em letras douradas, com os seguintes dizeres:

> Os IIr∴ do ⬚ da Loj∴ Maç∴ "Renascença" do Or∴ de Belém do Pará, que não puderam comparecer pessoalmente à grande festa de Regularização da Pod∴ Co∴Irm∴ "Duque de Caxias" do Or∴ de Macapá, rigosijados por tão feliz acontecimento, fazem vótos ao Sup∴ Arch∴ do Univ∴ para que cada dia que passe,

39

seja um passo à frente, para o progresso e o engrandecimento da "Duque de Caxias", enviam com a peculiar solidariedade Maç∴, um óbulo para o Tronco de Solid∴ maç∴ da sua Sessão de Instalação. [*sic*]

Então o Venerável Mestre da Loja "Renascença" declara que a quantia recebida junto com a mensagem era no valor de Cr$ 500,00 (quinhentos cruzeiros) e a coloca no devido receptáculo. Após a circulação, foi produzido um total de Cr$ 771,00 (setecentos e setenta e um cruzeiros).

Durante a concessão da palavra, na sequência, teceram elogiosos comentários ao ato e à conquista da Loja "Duque de Caxias", os poderosos irmãos: Antonio Martiniano Peres (2º Vigilante da Grande Loja do Estado do Pará), Dr. Queiroz Brasilense (em nome da Loja "Harmonia"), Manoel Tavares Machado (em nome da Loja "Firmeza e Humanidade"), Antonio Augusto Azevedo (em nome da Loja "Fraternidade Pinheirense"), Manuel Benito Pereira (em nome da Loja "Renascença", Ciro Blatter Pinho (Venerável da Loja "Harmonia e Fraternidade" e atuou no ato como Secretário e Chanceler), Bruno de Menezes (Orador da Loja "Renascença"), Aluízio de Menezes (em nome da Loja "Firmeza e Humanidade") e Eloy Nunes (Venerável Mestre da Loja "Duque de Caxias").

Apesar de conter na ordem do dia a posse da nova diretoria, o ato não chegou a ocorrer naquela ocasião, sendo transferido para o dia seguinte.

A sessão foi encerrada pelo Grão-Mestre às 11h, ocasião na qual convidou os irmãos para uma recreação agradável.

Naquele mesmo dia, às 20h30min, no Templo da Loja "Duque de Caxias", com a presença e colaboração direta da caravana paraense, foram desenvolvidos os trabalhos das primeiras iniciações da oficina. A sessão foi conduzida pelo irmão Aluízio de Menezes, Venerável da Loja "Firmeza e Humanidade".

Transcorridos todos os atos ritualísticos de praxe, foram admitidos sete novos irmãos na primeira loja do antigo Território, sendo eles[75]:

**Benedito Pedro de Paiva**

**Carlos Alberto Salignac de Souza**

**Demostenes Fernandes**

**Diógenes Gonçalves da Silva**

**Gabriel de Almeida Café**

**José Adauto Cortez da Silveira**

**Oduvaldo Torres Monteiro[76]**

Ministrados os primeiros ensinamentos ao grupo recém-iniciado, houve uma demonstração de contentamento geral externado em plenário, em face da aquisição dos novos obreiros e pela inauguração do Templo, anseio de toda a sociedade amapaense. A arrecadação solidária rendeu a quantia de Cr$ 382,00 (trezentos e oitenta e dois cruzeiros). Daquele total, Cr$ 100,00 (cem cruzeiros) foram produzidos pelo irmão Simões,

---

[75] ATA do dia 19 de novembro de 1948, às 20h30min. Op. Cit., 1948, p. 21. Macapá: Secretaria da Loja Duque de Caxias.
[76] Na PRANCHA n° 104/48, da Loja Duque de Caxias, de 28.10.1948. Op. Cit., 1948. Macapá: Secretaria da Loja Duque de Caxias, foi grafado como "Aduvaldo", ao contrário da Ata de 19.11.1948.

noticiado através de um telegrama chegado à loja durante o evento, oriundo de Belém-PA.

Ao término da sessão, o Venerável Mestre proferiu brilhante Peça de Oratória, dedicando aos iniciados uma bela lição de cunho maçônico e exortando-os a trabalhar com afinco a favor da nossa poderosa Ordem. O seu discurso foi aclamado ritualisticamente pelos irmãos. Ao fim do grande esforço daquele magnífico dia para a maçonaria amapaense, deu-se por encerrada a sessão às 00h30min, ao avançar da madrugada seguinte. Logo após foi servido o banquete de estilo.

A nova diretoria finalmente tomou posse no dia 20 de novembro, em uma solenidade conhecida como "sessão branca", para maçons e o público em geral. Após a abertura ritualística dos trabalhos precisamente às 22h, o Grão-Mestre Dr. Júlio Fernandes ordenou o ingresso dos "senhores, senhoritas e profanos" e a formação de uma guarda de honra com a finalidade de receber o Excelentíssimo Senhor Governador do Território Janary Gentil Nunes, tomando assento ao lado do presidente da sessão. Procedeu-se na sequência o hasteamento do pavilhão nacional sob o discurso do irmão Aluízio Menezes (Orador). Logo após, o Venerável Mestre Eloy Nunes foi convidado a prestar juramento da função em que seria investido, recebendo o colar representativo do cargo das mãos do senhor governador[77].

Prestaram também juramento de posse os irmãos Nuta Wolf Pecher (1º Vigilante), Julio Venancio Coelho (2º Vigilante), Flávio de Carvalho Maroja (Orador), Antonio

[77] ATA do dia 20 de novembro de 1948. Op. Cit., 1948, p. 22. Macapá: Secretaria da Loja Duque de Caxias.

Pereira da Costa (Tesoureiro). José Hermínio Amorim (Chanceler) e José Vitor Contreiras (Secretário) [78].

Após aquele ato, a arrecadação solidária rendeu a quantia de Cr$ 200,00 (duzentos cruzeiros).

O discurso oficial foi proferido pelo irmão Aluízio Menezes, Venerável Mestre da Loja "Firmeza e Humanidade", tendo funcionado também como Orador *ad hoc* da Grande Loja do Estado do Pará. As suas palavras se constituíram em uma notável peça. Explicou a finalidade da maçonaria e lamentou a ausência do irmão Apolinário Moreira em ter perdido um espetáculo de "brilhantes proporções". No final, convidou os irmãos a trabalharem pelo maior progresso da Ordem, externando, outrossim, o agradecimento sincero da "Duque de Caxias" a todos os visitantes profanos que compareceram a tão notável solenidade. Ressoaram aplausos entusiásticos e prolongados.

Encerrou-se o ato templário com a palavra do Grão-Mestre e a descida do pavilhão ao estilo maçônico. Seguiu-se uma festa, a qual reuniu os mais representativos membros da sociedade local.

---

[78] Nota-se que a titularidade da secretaria, até então exercida pelo irmão José Alves Pessôa, foi substituída pelo irmão José Vitor Contreiras. O último balaústre encontrado da lavra do irmão Pessôa, data de 25.08.1948. Nos eventos ocorridos nos dias 19 e 20 de novembro de 1948, em nenhum momento houve qualquer citação ao nome do irmão Pessôa nos documentos compulsados. A isso, deve-se ao fato do irmão Tenente Pessôa ter "revertido" às fileiras do Exército Brasileiro com destino à capital paraense, conforme Prancha Duque nº 103-48, de 23.09.1948, onde o Venerável Mestre apresenta e recomenda à Grande Loja do Estado do Pará o citado obreiro, apelando ao prestígio da Potência para que ele volte logo ao convívio dos irmãos duqueanos.

A saga iniciada pela coragem e o destemor dos pioneiros, alcançava o seu momento de glória. A obra, que fora construída não somente com os materiais disponíveis à época, era também feita do idealismo e do mais elevado espírito maçônico, daqueles irmãos dispostos a fincar a bandeira da nossa Ordem no solo amapaense. Não representava o fim de uma missão, sim a partida para outras conquistas a serem empreendidas com cada tijolo colocado pelos irmãos vindouros, na construção do Templo maior em honra ao Grande Arquiteto do Universo.

Atualmente a Loja Maçônica "Duque de Caxias" [79] é vinculada à Grande Loja Maçônica do Amapá (Glomap), ostenta um portentoso prédio edificado em alvenaria (Figura 4) e abriga em seu quadro 112 obreiros ativos. Além do Templo, o edifício possui área administrativa, biblioteca, cozinha, salão de banquetes e salão nobre. Também acolhe outras instituições maçônicas e paramaçônicas, como a Loja "Fênix" n° 8, a Loja "Portograndense" n° 10, os corpos filosóficos do Supremo Conselho do Grau 33, o Capítulo DeMolay "Francisco Lucas Matos de Oliveira" n° 860 e a Associação Solidária das "Acácias".

---

[79] A oficina possuía a denominação legal de Loja **Simbólica** "Duque de Caxias", ainda sob a Obediência da Grande Loja paraense, conforme antigos documentos de 1948 referenciados nesta obra. Passou a assumir a qualificação de Loja **Maçônica** "Duque de Caxias" a partir da expedição da Carta Constitutiva pela Grande Loja Maçônica do Amapá, em 22 de novembro de 1988.

**Figura 4.** Fachada atual do prédio da Loja Maçônica "Duque de Caxias".

Cabe-nos agora, não só manter o que fora obtido com muita determinação e suor dos que escreveram a sua história nesta oficina, mas empreender para lapidar uma obra social maior, mantendo a maçonaria sempre na vanguarda libertária, conforme esculpido em seus postulados.

# 7

# FAC-SÍMILES DE ALGUNS DOCUMENTOS CITADOS

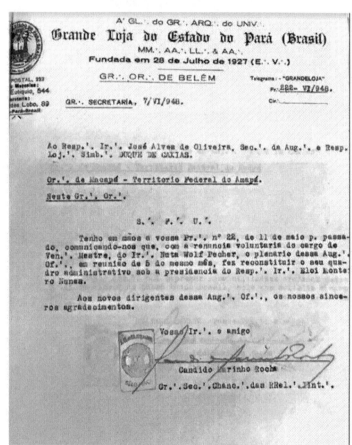

Prancha da Grande Loja do Estado do Pará contendo notícia da renúncia do irmão Nuta Wolf Pecher e escolha do irmão Eloy Nunes.

TERRITÓRIO FEDERAL DO AMAPÁ

Macapá,

Ofício nº 189 /48-GAB.                                21 de maio de 1948.

Do Capitão Governador do Território

Ao Ilmº Sr. José Alves Pessôa

 DD. Secretário da Augusta e Respeitavel Loja Simbolica
"Duque de Caxias"

Assunto: Agradecimento

 PREZADO SENHOR

  Tenho em mãos seu Ofício datado de 5 do corren
te, no qual Vossa Senhoria participa a constituição da Administra
ção dessa respeitavel Loja.

2.  Acôlho com simpatia a noticia do início das ati
vidades do Templo macapaense, cujo corpo dirigente é a garantia me
lhor do progresso da Sociedade, no Território do Amapá.

  Auspiciando crescentes vitórias e agradecendo a
amavel comunicação, valho-me do ensejo para renovar os meus protes
tos de alta estima e consideração.

CAPITÃO JANARY GENTIL NUNES
GOVERNADOR

Fonte: Arquivo histórico da Loja Maçônica Duque de Caxias Nº 1.

**Ofício do governador Janary Nunes agradecendo comunicação que reporta a escolha da nova administração da loja.**

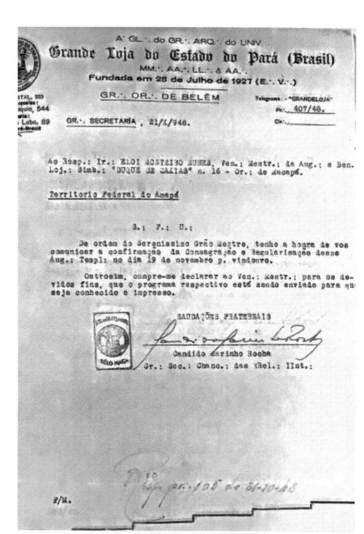

Fonte: Arquivo histórico da Loja Maçônica Duque de Caxias Nº 1.

Definição da data de consagração do templo e
de regularização da loja.

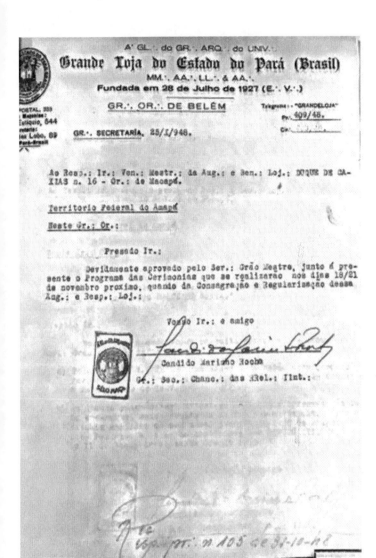

Fonte: Arquivo histórico da Loja Maçônica Duque de Caxias Nº 1.

Aprovação do programa cerimonial.

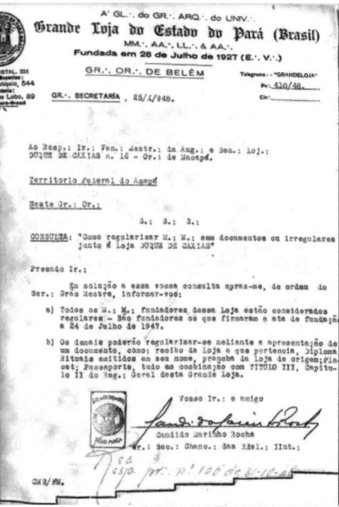

Fonte: Arquivo histórico da Loja Maçônica Duque de Caxias Nº 1.

Prancha da Grande Loja atesta a
data de fundação em 24.07.1948.

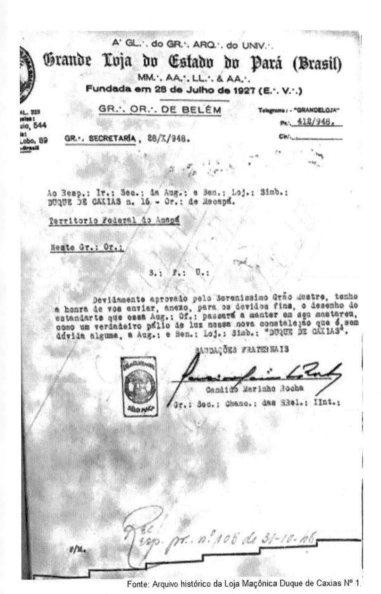

A'. GL'. do GR'. ARQ'. do UNIV'.

## Grande Loja do Estado do Pará (Brasil)

MM'. AA'. LL'. & AA'.

Fundada em 28 de Julho de 1927 (E'. V'.)

GR'. OR'. DE BELÉM          Telegrama: "GRANDELOJA"

                                            P.: 418/948.

GR'. SECRETARÍA, 28/X/948.          C/N:

Ao Resp.: Ir.: Sec.: da Aug.: e Ben.: Loj.: Simb.:
DUQUE DE CAXIAS n. 16 - Or.: de Macapá.

Territorio Federal do Amapá

Neste Gr.: Or.:

                         S.: F.: U.:

        Devidamente aprovado pelo Serenissimo Grão Mestre, tenho
a honra de vos enviar, anexo, para os devidos fins, o desenho do
estandarte que essa Aug.: Of.: passará a manter em seu mastreu,
como um verdadeiro pálio de luz nessa nova constelação que é, sem
dúvida alguma, a Aug.: e Ben.: Loj.: Simb.: "DUQUE DE CAXIAS".

                         SAUDAÇÕES FRATERNAIS

                         Canlido Marinho Rocha

        Gr.: Sec.: Chanc.: das RRel.: IInt.:

Fonte: Arquivo histórico da Loja Maçônica Duque de Caxias Nº 1.

## Aprovação do desenho do estandarte.

Fonte: Arquivo histórico da Loja Maçônica Duque de Caxias Nº 1.

**Programa do cerimonial.**

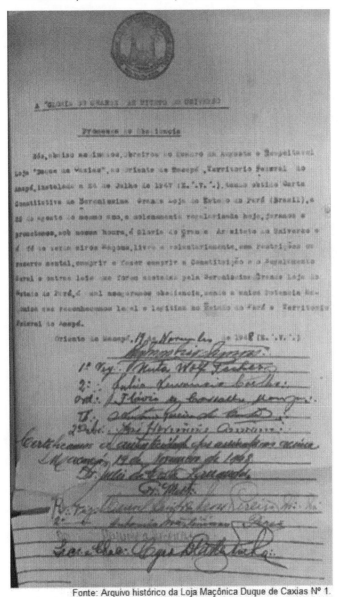

Fonte: Arquivo histórico da Loja Maçônica Duque de Caxias Nº 1.

Promessa de obediência que regulariza a loja e confirma a data de
fundação e da primeira carta constitutiva.

# 8

# LINHA DO TEMPO

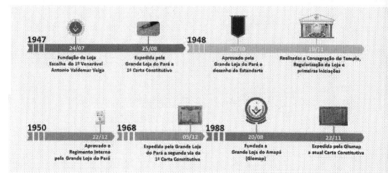

**1947**
24/07 — Fundação da Loja Escolha do 1º Venerável Antonio Valdemar Veiga
25/08 — Expedida pela Grande Loja do Pará a 1ª Carta Constitutiva

**1948**
20/09 — Aprovado pela Grande Loja do Pará o desenho do Estandarte
18/11 — Realizadas a Consagração do Templo, Regularização da Loja e primeiras iniciações

**1950**
22/11 — Aprovado o Regimento Interno pela Grande Loja do Pará

**1968**
05/12 — Expedida pela Grande Loja do Pará a segunda via da 1ª Carta Constitutiva

**1988**
20/08 — Fundada a Grande Loja do Amapá (Glomap)
22/11 — Expedida pela Glomap a atual Carta Constitutiva

Breve linha histórica destacando alguns fatos marcantes
desde a fundação da loja até a criação da
Grande Loja Maçônica do Amapá (Glomap).

# 9

# FONTES CONSULTADAS

AMAPÁ. Aviso maçônico. **Órgão [do] governo [do] Território Federal do Amapá**, Macapá, TFA, ano 3, n° 167, 5 abr. 1947.

AMAPÁ. Inaugurado, em Macapá, o primeiro templo maçônico do Território do Amapá. **Órgão [do] governo [do] Território Federal do Amapá**, Macapá, TFA, ano 4, n° 193, 20 nov. 1948.

BRASIL. Decreto-Lei n° 5.812, de 13 de setembro de 1943. Cria os Territórios Federais do Amapá, do Rio Branco, do Guaporé, de Ponta Porã e do Iguassú. **Diário Oficial [da] República Federativa do Brasil**, Rio de Janeiro, RJ, 15 set. 1943.

CARVALHO, F. de A. **Cadernos de estudos maçônicos**: o aprendiz maçom grau 1. Londrina, PR: A trolha, 1995, p. 116.

GRANDE LOJA MAÇÔNICA DO AMAPÁ. **Carta constitutiva da Loja Maçônica Duque de Caxias**. Macapá: [s.n.], 1988.

GRANDE LOJA MAÇÔNICA DO AMAPÁ. **Código Maçônico**. Macapá: [s.n.], 1993.

GRANDE LOJA MAÇÔNICA DO AMAPÁ. **Ritual de inauguração de um templo maçônico**: sagração. Macapá: [s.n.], 2003.

HOUAISS, A. **Minidicionário Houaiss da língua portuguesa**. 4ª ed. rev. e aumentada. Rio de Janeiro: Objetiva, 2010, p. 190, 694.

LOJA MAÇÔNICA DUQUE DE CAXIAS Nº 1. **Administrações da Loja Maçônica Duque de Caxias**. Macapá: Secretaria da Loja Duque de Caxias, 1987, 200 p.

LOJA MAÇÔNICA DUQUE DE CAXIAS Nº 16. **Coletânea de documentos de 1948**. Macapá: Secretaria da Loja Duque de Caxias, 1948.

LOJA MAÇÔNICA DUQUE DE CAXIAS Nº 16. **Livro de atas**: 1948/1949. Macapá: Secretaria da Loja Duque de Caxias, 1948, 200 p.

PESSÔA, J. A. **O mundo fraternal da maçonaria no Amapá**. Macapá: Edição do autor, 1968, 28 p.

VALES, B. P. **História da loja maçônica Duque de Caxias nº 1**. Disponível em: <https://www.facebook.com/pg/Loja MaconicaDuqueDeCaxiasNo1/about/?ref=page_internal>. Acesso em: 1 ago. 2018.